후회록,
처음 만난 타인

후회록, 처음 만난 타인

초판 발행 2025년 7월 31일

지은이 주병권
펴낸이 이윤희, 주지원, 석준희
펴낸곳 항금리문학

등록 제2021-000032호
주소 경기도 양평군 강하면 항금리 333
전화 (02) 3290-3237(서울 사무소)
전자우편 alwaysnow231@gmail.com

ⓒ 주병권 2025
ISBN 979-11-977768-4-7 03810

※ 저자와의 상의하에 인지는 생략합니다.
※ 수익금은 전액 사회복지기관 및 시설에 기부됩니다.
※ 책값은 뒤표지에 표시되어 있습니다.

후회록, 처음 만난 타인

주병권
友情

항금리문학

아버지를 추모합니다

작별 後 愛

아버지를 존경하였지만 떠나신 후에야 사랑하게 되었음을
떠나시던 날 알았습니다.
말씀이 적고 생각이 깊으시던 아버지
중학 시절부터 제천과 서울에서 떨어져 살아왔기에
마음을 다 열지 못하였고
못다한 말들이 적지 아니 남았음을

아버지를 보내고 떠난 여행, 이스탄불에서
길을 걷고 또 걷고, 글을 쓰고 또 쓰고
눈물로 흘러내리는 상념, 메아리가 없는 고백이 되었습니다.

일곱 번째 시집이 되었네요.
늘 버팀목이 되어 주는 아내와 사랑하는 가족들
아버지 곁을 한평생 지키신 어머니
마지막 배웅하던 길을 함께해 주신 이들께
고마움을 전합니다.

2025년 5월의 강하에서
우정 주병권

차례

작별 後愛 • 5
거리의 무늬 • 12
고향역 • 13
공허 • 14
교동 가는 길 • 15
귀경 • 16
귀향 1 • 17
귀향 2 • 18
그날 • 19
그대 누운 곳에서 • 20
그대 떠나던 날 • 21
그리움 • 22
그저 닿는 곳에 있으면 된다 • 23
길 • 24
길손 • 25
남은 자의 속삭임 1, 화가에게 • 26
남은 자의 속삭임 2, 화가에게 • 27
남은 자의 속삭임 3, 화가에게 • 28
당부 • 30
떠나고 있다 1 • 31
떠나고 있다 2 • 32
떠나는데 • 33
돌아가며 • 34
돌아서며, 돌아오며 • 36

돌봄의 즐거움 • 38
동백이 진다 • 39
동행 1 • 40
동행 2 • 41
디셈버, 그의 생일 • 42
마음 아픈 일이 생겨도 • 43
막걸리 향수 • 44
만남을 위하여 • 45
먼 곳, 남으며 • 46
못다한 말 • 47
무의식 • 48
묻다 • 49
뭉크에게 • 50
바다로 내리는 햇살, 마르마라에서 • 51
바람 없는 날에도 부는 바람 1 • 52
바람 없는 날에도 부는 바람 2 • 53
바람이 분다 • 54
방황, 제천역까지 골목을 걷다 • 55
벽에는 여느 때처럼 그림이 걸리고 • 56
봄 • 57
봄날은 간다 • 58
봄날의 일기장 • 59
불면 • 60
비의 나그네, 교정에서 • 61

빈자리, 제천역 플랫폼 1 • 62
빈자리, 제천역 플랫폼 2 • 63
사라짐 • 64
사월의 비, 교정에서 • 65
사립문을 열며 • 66
서러워 좋은 날 • 68
석양에서 • 69
석양의 바다, 마르마라에서 • 70
수국에게 • 71
술잔을 비우며, 이스탄불의 주점에서 • 72
시간이 지나가면 • 73
아무 일도 없었던 듯이 • 74
아버지의 그림 • 76
아버지의 봉투 • 77
아버지의 편지 • 78
아침 창가에서, 호텔 더블트리 • 80
안개, 다녀오던 날 1 • 81
안개, 다녀오던 날 2 • 82
어느 도시에서, 이스탄불 • 83
어울림 • 84
엄마 나 왔어 1 • 85
엄마 나 왔어 2 • 86
엄청 슬플 땐 어쩔 거냐고 • 87
예순셋에서 • 88
오래된 기억 • 89
오월이 오는 풍경, 사월은 가고 1 • 90
오월이 오는 풍경, 사월은 가고 2 • 91
운이 좋게도, 그날 • 92

이별 연습 1 • 93
이별 연습 2 • 94
이스탄불의 거리에서 1 • 95
이스탄불의 거리에서 2 • 96
이스탄불의 거리에서 3 • 97
잊혀지지 않을 줄을 몰랐다 • 98
작별 • 99
작별 채비 • 100
잔영 • 101
절대 고독 • 102
제천, 골목길 • 103
제천역 • 104
제천행 기차 • 105
조우 • 106
지하철 첫차 • 107
처음 만난 순간 • 108
처음 헤어진 순간 • 109
필요하다 • 110
한줌 바람이 커튼을 흔들면 • 111
항금리 밤은 검어서 좋다 • 112
향수 1 • 113
향수 2 • 114
홍수 • 115
해질녘에 • 116
허무, 아버지를 불꽃으로 보내며 • 117
회상 • 118
흔적에서 • 119

2021년, 양평 강하면 항금리
'항금리문학'을 열었습니다.

30여 년의 세월을 앞만 보고 살아온 부부가
곁에 있던 서로를 봅니다.
그리고 함께 앞을 보며 걸어갑니다.
'문학과 출판'이라는 희망을 향하여

거리의 무늬

거리에는 자국이 있다
떨어진 벽보
긴 시간 동안 지탱하였던 자국
꽃잎으로 낙엽으로 지워져 가는
계절의 자국
전시가 끝난 후 여운으로 남긴
그림의 자국

언제까지나 함께 갈 줄을 알았던 우리들
그 희미한 발자국
돌이키며 생각하다가 말라버린
눈물 자국까지
흉터로 남는다. 거리에는

고향역

떠나던 역에서
돌아오는 역으로

부모가 걱정하던 역에서
부모를 걱정하는 역으로

기적이 울던 역에서
마음이 우는 역으로

공허

기다리는가 떠나간 이를
바라보는가 그리운 곳을
기다릴수록 오지 않는 이
바라볼수록 희미한 미로

오는 이도 가는 이도 없는
머물 곳도 떠날 곳도 없는
햇살만 지나는 노상 카페
저무는 날의 카푸치노

기다림을 비우려 해도
그리움을 채우려 해도
비우면 비울수록 공허
채우면 채울수록 공허

교동 가는 길

제천고, 향교를 지나
교동으로 가는 길
태어나고 자란
교동으로 가는 길
아흔을 넘긴 아버지와
예순을 넘긴 아들이
오십 년 시간을 찾아
교동으로 가는 길

아버지의 손을 잡고
먼 길을 떠났던
교동으로 가는 길
아버지의 손을 잡고
먼 길에서 돌아와
교동으로 가는 길

귀경

부모를 뵙고 오는 길은 춥다
따스한 웃음으로 마주 보아도
포근한 손을 마주 잡아도
그 웃음이 그 여운이 여전해도
가슴 한구석은 남몰래 시리다
어머니 아버지 불러볼수록
맘은 시려 오고 눈물만 고인다

귀향 1

터미널 대합실 같은 명절이 오면
잠시 웃음 짓고 다시 떠나야지
먼 곳에서 하루하루 살아가다가
잠시 웃음 지으려 돌아와야지
터미널 대합실 같은 명절이 오면

귀향 2

바람 없는 허공에 꽃이 피고
사람들 떠난 빈집에 꽃잎이 진다
인적이 있건 없건 봄은 오고
모두가 떠난 자리에 꽃잎이 머문다

그날

그날, 돌이킬수록 채색되는 날

그날의 아득한 웃음은
창가에 초콜릿 빛으로 머무르는데
얼마나 더 아름다워야
그날이 되어 웃을 수 있나

잊으려 할수록
빛은 커튼을 밀며 더욱 깊이 들어와
그날의 정물
그날의 모습에 색을 칠하고

창밖, 아득한 그날은
창가 테이블로 세팅되어
그리운 정물로
그리운 모습으로 나를 부른다

그대 누운 곳에서

길이 없어도
꽃향기는 바람결에 실려 오고
바람의 선율은 귓전에 맴을 돕니다

멀리 있어도
별빛은 반짝이며 다가오고
구름은 포근하게 안아 줍니다

마주하지 않아도
눈빛을 볼 수 있으며
닿지 않아도
온기를 느낄 수 있습니다

우리이니까요

그대 떠나던 날

봄이 오는 날
그대는 떠났습니다
뒷모습을 보일 때
가지 말라고 울었습니다
검은 그림자로 멀어져 갈 때
돌아오라고 울었습니다
그 모습 아득히 보이지 않을 때
잊지 말라고 울었습니다
그대 없는 시간이 흘러만 갈 때
잊혀지지 말라고 울었습니다

그리움

눈이 내리는 소리가
파도 소리보다 크다는 것을
눈물이 흐르는 소리가
울음소리보다 크다는 것을
눈 내리는 바닷가에서 알았습니다

그저 닿는 곳에 있으면 된다

나는 사랑이 앞에 있어야만 한다고 생각하지 않는다
곁이나 내 안에 있어야 한다고 생각하지 않는다
그저 닿는 곳에 있으면 된다

발길이 닿는 곳 눈길이 닿는 곳
여의치 않다면
생각이 닿는 곳에 있으면 된다

먼 들녘을 바라보는 눈길
마음으로 나누던 옛이야기
그쯤이면 된다

길

오는 길도 하나
가는 길도 하나인데
두 길 사이에 우린
이리도 많은 길들을 만들었네요

길손

스치나요 바람결이
그저 바람이에요
떠나가나요 태양이
그저 노을이에요
밀려오나요 밀려가나요
그저 파도예요
흐르나요 세월이
그저 시간이에요

찰나의 우정도 운명의 사랑도
바람처럼 노을처럼 떠나고 사라지지요
파도처럼 오가고 시간처럼 흐르지요

그저 길손이에요
길을 따라서 멀어지는
길가에 핀 꽃들보다
치고 오르는 파도보다
더 허허로이
기꺼이 사라져 가는
그저 길손일 뿐이에요

남은 자의 속삭임 1, 화가에게

화가는 떠난 화실
덩그러니 남겨진 그림
이젤과 화구들
무얼 더 남겼을까

스케치북의 뒷장을 열어도
이젤의 그림자를 따라가도
보이지 않네

부스러지는 햇살
내려앉는 먼지

어디선가 귀를 기울일
떠나간 화가에게
속삭이네 나는

'남은 건 없어요 두고 간 건 있어도
모두 그림이 되어 스케치북에 담겼죠
그리고 스케치북은 닫혔어요 영영'

남은 자의 속삭임 2, 화가에게

어디쯤에서 멈추었나요
어느 방향으로 이젤을 놓았나요
어떤 자세로
어떻게 그림을 그렸나요
어디쯤에서 어디를 보았나요

그곳이 여기인가요

남은 자의 속삭임 3, 화가에게

빛나는 그림들
향기 깊은 그림들은
더 그려지지 않죠
옛 노래가 머물고
커피 향만 흐르고 있죠

그의 그림은
어디쯤에서 멈추었을까
풍경화는 끝나고 어디선가
새로운 풍경으로 시작이 될까

화가가 떠난 화실은
그림이 되어 가고 있죠
모든 풍경들은
정물이 되었어요

4월의 지는 꽃잎도
멈칫거리는 나그네도
정물이에요

창밖에서는 하나 둘
폐허가 오고 있죠

당부

낙엽이 떨어질 때마다 가지가 흔들린다

너무 많이 사랑하지 마라
이별할 때 아프다

떠나고 있다 1

쓸쓸한 가을이 아닌
화려한 봄마저도 떠나고 있다

내리던 비가 멈추고
잿빛 하늘만이 덩그러니 놓인 날
하늘 높이 멀리로 사라지는 것은
길을 잃은 철새인지 한 조각 남은 꿈인지

힘겨운 그대가
함께 갈 수 없는 곳으로 여장을 꾸리는 날
화려한 젊음이 아닌
쓸쓸한 중년마저도 떠나고 있다

떠나고 있다 2

왜 나의 사랑은 떠나간 후에 다가올까. 함께 하였던 모든 시간이 사랑보다는 미약한 무엇이었음을 홀로 남은 후에야 알게 될까. 4월의 꽃이 지고 나서야 봄을 알고 소낙비가 그치고 나서야 여름을 생각할까. 앞날의 희망보다는 회상이 하루를 꽉 채우고 모든 시간이 흘러가지 않고 거슬러 오르는 건 사랑을 알기 전에 작별을 겪어 버린 아둔함 때문인 것을

멀건 바람이 땅 위에 누울 듯 기어다니고 하늘은 점점 붉은색으로 물들어 갈 때, 온 세상 딱 하나뿐인 사람을 생각하며 그의 숨결 그의 모습이 더 흐려질까 두려워 서둘러 어디론가 떠나는 길, 그 길이 어디로 향하는지, 길의 끝에서 무얼 만날지 여전히 모르는데, 갈 곳을 알고 만날 이가 굳건히 있었을 때가 얼마나 큰 평안이었던가

떠나는데

이렇게 걸을까 그 거리를
멈추고 잊을까 그 생각을

오늘이 오면 어제는 없고
어제의 나는 멈추어 서고
다시 그 자리에 돌아와도
어제는 어제 오늘은 오늘

바람에 맡길까 그 향기를
구름에 담을까 그 모습을

돌아가며

이제 돌아가네요
불현듯 길을 나섰을 뿐인데
멀리 왔어요. 돌아갈 길이 가물거려요
발길은 떠돌더라도
마음은 늘 돌아서고 있었죠
앞을 보면서 뒤를 향하였죠
불빛들이 보일 때 잠시 편안해질 때
돌아온 기분을 느꼈어요
숙명인가 봐요
떠난 만큼 돌아가야 한다는 것은

오래된 곡조가 더 오래 귓전에 머물고
옛 생각을 찾아 먼 길을 나서죠
가을은 가을로 돌아가기 위하여
겨울로 가고 있어요
마음이 있던 곳 시간이 있던 곳
그리고 머물던 곳
어찌 보면
떠나는 것도 돌아가는 것이에요

그리고 돌아오겠지요
다시 이곳, 떠나는 곳으로

돌아서며, 돌아오며

아버지는 떠나셨고
난 아버지를 겸허하게 보내드렸고
여러 가지를 추스리고
이스탄불행
마냥 걷다가 오려고
잊지 못하면 잊혀지려고
걷기에 가장 좋았던 도시를 택했지

멀리 떠난다고 시간이 지난다고
그 먹먹함이 잊혀지겠냐마는
위로 올라 심장을 떨게 하고
더 올라 눈물을 쏟게 하는 아픔을
가라앉힐 수는 있겠지

새로운 풍경으로 눈길을 보내는 외면
새로운 백지에 새로 글을 쓰는 전환
걷고 또 걷고 묻고 또 물으면
돌아올 무렵
사랑의 빛깔이 바뀔 수 있겠지

햇빛이 좋고 바람도 없는 5월의 날을
걷히지 않는 어둠으로 보냈다
쉴 새 없는 흔들림으로 보냈다

더없이 아름답고 로맨틱한 도시 이스탄불에서
복구될 수 없는 폐허를 만났다
돌이킬 수 없는 슬픔을 만났다

9천 킬로가 떨어진 곳
지구 한 편에서의 눈물
또 다른 편에서의 웃음
먼 곳에서 다가오는 눈물로
그곳의 웃음은 허허로웠다
눈물은 웃음이 되고 웃음은 눈물이 되고

그 눈물 그 웃음으로 서둘러 짐을 꾸리고 있었다
구겨진 아픔을 접고 있었다
빈 곳으로 돌아오고 있었다

돌봄의 즐거움

헤어짐은 만남보다 백배는 더 어렵다
잘 헤어질 준비를 한다

낡아 가는 가구와 정물
오랫동안 피고 지는 꽃
숱한 사연으로 맺어온 인연
다소 거북해진 몸짓까지

돌본다는 건 마음을 다한다는 거
만남보다 백배는 더 행복한 작별을 하리라
다시 태어나지 않을 것들
돌아오지 않을 것들을 위하여

동백이 진다

툭
동백이 떨어진다. 시들어 가겠지
우리도 그러했다
순간 떠났고 평생을 잊어 가고 있다

동행 1

땅을 걸으며 하늘을 우러러보았습니다
비행기를 타면 바다를 동경하였고
여객선에서는 섬을 그리워하였습니다

보이는 곳에서는 보이지 않는 곳을
다다른 곳에서는 더 갈 수 없는 곳을
마음에 두었습니다

보이는 것들은 희미해져 갔으며
다다른 곳은 점점 더 멀어져 갔습니다
함께 걷는 당신의 손을 꼭 잡습니다

동행 2

늘 그 길을 보여 주셨습니다
먼 길에 동행이 되셨습니다
이제 홀로 가라고 하십니다
늘 곁에 계신 듯 가겠습니다

디셈버, 그의 생일

잊는 계절
그래도 잊지 못함은 흰 눈이 덮는 계절

까맣게 잊는다지만
나의 망각은 하얗게
안개로 하얀 눈으로 사라져 간다

잊고 잊혀진 후에
마침내 홀로 선 겨울나무

디셈버는 그렇게 오고
또 간다

마음 아픈 일이 생겨도

마음 아픈 일이 생겨도
하루면 된다
익숙한 웃음과 벗들이 있으니

더 마음 아픈 일이 생겨도
한 달이면 된다
살아온 경험과 처세가 있으니

많이 마음 아픈 일이 생겨도
일 년이면 된다
이 일 저 일에 치여 잊혀지니

아주 많이 마음 아픈 일이 생겨도
십 년이면 된다
다른 아픔이 그 아픔을 덮으니

죽도록 마음 아픈 일이 생겨도
이승이면 된다
저승까지는 아픔이 못 따라오니

막걸리 향수

국민학교 시절 동막에 살 때
어른들 심부름으로 친구랑
아랫마을 회관으로 주전자 들고
막걸리 받아오는 길

찰랑거리며 넘칠 때마다
주전자 뚜껑으로 한 모금 두 모금
두 볼과 함께
붉게 달아오르던 저녁노을

마을도 친구도 사라지고
홀로 기울이는 막걸리 한 잔 두 잔
눈시울과 함께
붉게 달아오르는 저녁노을

만남을 위하여

바람을 따라 떠났으면
들판에서 하염없이 기다리면 되고

구름을 따라 떠났으면
하늘을 온종일 우러르면 되고

시간을 따라 떠났으면
따라나설 시간을 기다리면 되고

먼 곳, 남으며

삶의 그늘 아래 지친 듯 들어서면
아직도 못 나눈 이야기
마주치지 못한 눈동자

그 목소리에 귀 기울이면
어머니의 깊은 한숨
그 눈동자를 바라보면
누이의 맑은 눈물

마른 바람은 홀로 흙길을 지나고
그 목소리도 눈물도
멀리 실려 가는데

못 본 듯 돌아서면
다가오는 얼굴들
못 들은 듯 외면하면
그리운 이야기들

못다한 말

멀어져 가면서도 말하지 못하였다
돌아서면서도 말하지 못할런지도
세상을 떠나면서도 말하지 못할런지도
세상을 떠난 후에야 말할 수 있을런지도

무의식

무의식에서 의식이 보이는가
현재의 순간에서 미래의 영원이 보이는가
쓸쓸히 스쳐 갔던 언젠가
어느 이별의 뒷모습
추억 속에서 반짝이는 허무
웃음 속에서 반짝이는 눈물

묻다

이별의 끝은 슬픔인가요?
슬픔과는 어떻게 이별을 하는지요?

뭉크에게

나는 묻는다 그대에게
슬픔의 끝은 어디이고
절망의 다음은 무언지를

그대는 답한다 나에게
모든 건 잊혀지고
모든 건 사라져 간다고

오늘은 이슬로 사라지고
내일은 안개로 오고
죽음은 계절로 기다린다고

바다로 내리는 햇살, 마르마라에서

바다로 햇살이 내리고 있었네
모든 물줄기를 받아 주는 바다는
빛마저도 곱게 받아들이고 있었네
하늘도 바다가 그리웠던 게지
마음 한 조각 빛줄기에 담아
바다의 품으로 전하고 있는 게지
세상을 바라보던 온갖 사연들을
바다에게로 하소연하고 있는 게지

나 그대에게 그리하였듯이
그대가 나를 받아 주었듯이

바람 없는 날에도 부는 바람 1

바람이 불면 나뭇가지는 얼마나 휠까
땅에 닿을 만큼 부러질 만큼
흰눈이 펑펑 쌓이면 흔적은 지워질까
밤비가 밤새도록 내리면 아침은 올까
지금껏 없었던 일이 처음으로 일어나면
그로 인해 어떤 일들이 생길까

바람은 저 멀리서 다가오고 있는데
얼마나 휠는지 부러지고야 말지
단 한 번을 빛나기 위해
평생을 어둠에서 보내기도 하고
한 줌 어둠도 두려워서
희미한 빛이라도 부여잡기도 한다

바람 없는 날에도 부는 바람 2

어느 날인가
그저 바람이 되어
좁은 골목길 낡은 유리창이라도
허망하게 흔들고 싶던 날이

허공에 정지하는 낙엽
호수 위를 지나는 달
머무름도 떠남도 한순간인데

높은 곳은 오를 수 없어 바라만 보고
먼 곳은 닿을 수 없어 눈을 감는데

어느 날이었던가
그저 햇살이 되어
켜켜이 쌓인 사연들 웅크린 등 위로
하염없이 서성이던 날이

바람이 분다

바람이 분다
높은 하늘로 솟은
미루나무가 흔들린다
반짝이는 빛의 조각들이
마루나무 이파리에서
물방울처럼 튀어 오른다

바람이 분다
높은 하늘에 떠 있는
뭉게구름이 흘러간다
아련한 그날의 기억들이
흘러가는 구름으로부터
어젯밤 꿈처럼 내게로 온다

언제부터인가
바람이 전하는 몸짓들
허공을 울려왔음을
이제는 바람따라 흘러가 볼까
그날처럼 오늘도
바람이 분다

방황, 제천역까지 골목을 걷다

어디로 갔나요
그 모습들 그 웃음들
지나는 바람이 실어 갔어요
흐르는 구름이 담아 갔어요
낡은 흔적을 남겨 두고
지난 추억을 남겨 두고
홀로 견디라고 잊어 가라며
모두 데리고 가 버렸어요
바람에게 구름에게 묻네요
어디로 갔는지
어디에 있는지
더 걸어 보라네요 흔적을 따라
더 헤매이라네요 추억을 따라
언젠가는 만날 거라고
언젠가는 잊을 거라고

벽에는 여느 때처럼 그림이 걸리고

벽에는 여느 때처럼 그림이 걸리고
공간에는 음악이 떠다닌다
밖에는 짙어 가는 어둠이 오고
안은 더 밝아진다

작별 후의 평온처럼
고통을 먹고 자라는 위안처럼
행복은 종종 불행을 앞세워 길을 연다

봄

지난 시절은 다시 오지 않아도
지난 계절은 다시 오고

시든 청춘은 다시 피지 않아도
시든 꽃은 다시 피고

빈자리는 다시 채워지지 않아도
빈 술잔은 다시 채워지고

봄날은 간다

아지랑이가 어지러워도
꽃잎들이 눈부셔도
바람결이 포근하여도
봄날은 간다

호반의 벤치가 비어 있어도
올 사람이 아직 안 왔어도
가는 이가 아무리 뒤를 돌아봐도
봄날은 간다

모든 웃음이 귓전에 남았어도
돌아오라고 돌아오라고
수없이 속삭여도
봄날은 간다

봄날의 일기장

이렇게 봄날의 한 페이지가 넘어가요
연주를 하면서 악보를 넘기듯이
살아가면서 하루를 또 보내고 있어요
언젠가 우리의 삶이 책으로 엮일 때
오늘은 책갈피 어디쯤에 있을까요

화사한 봄빛 고운 꽃잎들뿐일까요
우리의 마음도 쓰여져 있을까요
주름진 손 흐린 눈망울로 책장을 열 때
그날도 오늘처럼 고운 4월일까요
궁금함을 두고 다음 페이지가 열려요

불면

아무 것도 없을 때 모든 것이 떠오른다

아버지
편히 주무시고 계시는지요?
살아오면서 당신께 범하였던
온갖 무례와 불효가 파도처럼 밀려와
억장이 무너지는 밤입니다.
잊어서 편해지면 안되겠지요.
그러면 내 아버지도 잊혀질 터이니까요.
낱낱이 기억하고 살아가렵니다.
후회가 아닌 당신과의 추억으로
겨울 언 땅 속의 수선화 뿌리가 되어
언젠가 재회의 봄날
꽃으로 필 때까지

비의 나그네, 교정에서

비의 풍경에서는 빗물 흐르는 쪽이 길이다
그 길을 따르지 않으려면 비의 풍경에 들어설 이유가 없다
흘러가야 한다 낮은 곳으로 깊은 곳으로
하늘을 떠난 구름처럼 전부를 떠난 혼자가 되어

빈자리, 제천역 플랫폼 1

있어야 할 곳에 있지 않아서
그 자리는 비어 있었다
빈자리가 보이는 곳에서
오지 않는 이를 기다렸다
오지 않는 이는 먼 곳에서
그 자리를 잊고 있었다
기다리는 이에게는 빈자리
오지 않는 이에게는 잊혀진 자리
그 자리는 두 개의 이름이 있었다

빈자리, 제천역 플랫폼 2

그대는 영영 오지 않은 것이 아닙니다
곁에 있다가 잠시 떠난 것입니다
그래서 아직 정리도 마무리도
하지를 않았습니다
언젠가는 올 것이기에 비가 그칠 무렵
계절이 바뀔 무렵 늦어도
강산이 변할 무렵에는 오시겠지요
나는 영영 기다리지는 않습니다

육신은 떠나고 영혼마저 바스락거릴 무렵
그대를 찾아 나서겠지요
오래된 기억 낡은 지도에 의지하여
별빛이 닿는 곳까지
빈 의자의 기억이 없는 시간까지
그대의 이름을 부르겠지요
그대가 오든 내가 찾아 나서든
언젠가 마주 앉을 것입니다
빈 의자에 테이블을 사이에 두고

사라짐

사라지는 것들은 소리가 없다

떠나거나 헤어짐에는 눈물도 작별 인사도 뒤따르는데
사라짐은 오랜 시간이 지나서야 비로소 없음을 안다
허공만 남을 뿐이다

오늘도 곁에서
얼마나 많은 것들이 사라져 가고 있을까

사월의 비, 교정에서

그대 있는 곳에도 비가 오나요
여긴 4월의 비가 내려요
눈부시게 화려한 4월의 날을
눈물로 적시는 듯 비가 내려요
우리 화려했던 순간도 4월이었죠
초라한 이별도 4월이었어요
화려한 휘장 뒤에는 언제나
짙은 슬픔이 배어 있었죠

슬픔은 기쁨 뒤에 온다는 걸
알면서도 우린 끝없이 기뻐했죠
만남의 곱절만큼이 이별이라는 걸
알면서도 우린 끝없이 함께했죠
모든 건 4월에 사라졌어요
신기루처럼 봄날의 꿈처럼
그대 있는 곳에도 꽃이 지나요
여긴 4월의 꽃이 져요

사립문을 열며

어릴 적 들과 산에 꽃피는 계절이 오면
아버지는 사립문을 활짝 열어 놓으셨다
'나가 놀아라' 하시고는
온종일 우리 삼 남매를 찾지 않으셨다

이 날만큼은 숙제도 없었고
심부름도 없었고
하물며 밥 묵자는 말씀도 않으셨다

낮은 담장 밖, 가까이 펼쳐진 들판
멀리 보이는 내와 얕은 산들은
하나 가득 우리들의 놀이터가 되었다

마당에는 까닭 없이 조는 강아지와
머리를 들지 않는 병아리들만 한가하고
툇마루에는 보자기 덮인 소반만 종일 우리를 기다리고

봄에 취하여 검은 눈 휑하니
저녁놀 따라 돌아온 방안에는

삼 남매에게 자리를 내어 준
아지랑이만 가득 차 있었다

서러워 좋은 날

인생은 서러운 것이라고
어릴 적 숱하게 들려오던
어르신들의 슬픈 혼잣말
이제사 세월이 지나 보니
인생은 서러운 것이었네

돌아보는 마음 한구석에
고향의 옛집이 다가오고
할머니의 마른 눈물 자욱
할아버지의 잎담배 연기
먼 산기슭 아래에 보이네

서러워 좋은 날 바람이 부네
서러워 좋은 날 안개가 오네

석양에서

아 그러했나요

늦가을 땅 위를 구르는 낙엽이
꽃 피는 신록의 자태였나요
겨울밤 허공을 지나는 바람이
먼 북극의 가쁜 숨결이었나요

아 그렇게 사라지나요

여름의 한낮, 들판에 부서지는 소낙비
봄날의 아침, 강을 품는 물안개
계절은 기억만 두고 사라지는데

우리의 계절은 어느 날
어디에서 어떤 꽃을 피울까요
어느 땅 위 어느 허공에서
석양의 우리를 바라볼까요

석양의 바다, 마르마라에서

잊으려 했지만 잊지 못한 얼굴
지우려 했지만 지우지 못한 낙서
밀물이 되어 다가오네

품으려 했지만 품지 못한 꿈
부르려 했지만 부르지 못한 노래
썰물이 되어 멀어지네

석양인데, 바다도 나도 저무는데
사라지는데, 어둠 속으로 아득하게

수국에게

꽃을 위해 모두를 걸 만큼
그렇게 꽃이 소중하였던가
날 위해 모든 걸 내어 주신
내 부모처럼

술잔을 비우며, 이스탄불의 주점에서

술잔을 비울 때마다 꽃이 진다
붉은 술에는 붉은 꽃
푸른 술에는 푸른 꽃
저마다의 사연으로 지고 있다

꽃이 지는 날들이 서러워 술잔을 비우는데
술잔을 비울 때마다 꽃이 진다
슬픔은 더 큰 슬픔으로 치유하라며
술잔을 비울 때마다 꽃이 지고 있다

시간이 지나가면

잊을 때가 있다
시간은 지나가는 것을
눈물뿐인 슬픔을 겪을 때
절절히 끓는 이별을 할 때
우리는 잊는다
시간은 지나가는 것을

시간이 지나가면
슬픔도 아픔도
기억으로 미루어지고
시간이 더 멀리 지나가면
기억마저도
추억으로 물든다는 것을

아무 일도 없었던 듯이

마치 아무 일도 없었던 듯이
그렇게 살아가면 될까요

가슴에 깊숙이 꽂힌
회한은 차오르는데
눈물마저 없는 황폐한 눈동자로
어제와 같은 세상을 보며
그렇게 살아가면 될까요

해는 동쪽에서 솟아 서산을 넘고
바닷물은 밀려왔다 밀려가고
봄 꽃, 여름의 녹음, 가을 낙엽
그리고 겨울이면 내리는 함박눈
그렇게 살아가면 될까요

돌아오리라는 희망은 거둔 채
죽음으로 가는 마차를 타고
먼 광야로 나서는 길
붉은 하늘을 스치는 바람처럼

그렇게 살아가면 될까요

마치 아무 일도 없었던 듯이
그렇게 살아가면 될까요

아버지의 그림

아버지는 유화를 즐기지만 종종 수채화나 파스텔화도 그리신다. 아버지는 풍경이나 정물을 그리시지만 그 배경에는 늘 고유의 느낌이 있다. 아버지가 어떻게 살아오셨는지를 아는 이들만 공감할 수 있는

나는 소년 시절에는 아버지가 그림을 그리시는 장소에 따라가는 것이 좋았고, 청년이 되어서는 그 그림들을 감상하는 것이 좋았으며, 중년이 된 지금은 그 그림의 장소에 머무는 것이 좋다. 아버지가 어떻게 살아오셨는지를 알고 공감하기에

아버지의 봉투

아버지가 웃음 너머로
건네주시는 빨간 봉투
꼬깃꼬깃 지폐와 함께
따뜻한 맘이 담겨 있는

아버지가 디자인하고
종이접기한 빨간 봉투
삐뚤삐뚤 모양도 각각
가는 세월이 담겨 있는

아버지의 편지

예나 지금이나
익숙한 필체
아버지의 편지

읽기도 전에
마음이 시리고
눈물부터 고이네

조심조심 살고
건강 챙기라는
아버지의 편지

읽는 글귀마다
살아오신 세월이
슬프게 스며 있네

예나 지금이나
익숙한 말씀
아버지의 편지

세월이 갈수록
한 줄 또 한 줄이
가슴을 저미네

아침 창가에서, 호텔 더블트리

아침은 늘 밝은 모습으로 오지만
긴 밤을 외로이 건너온 나그네인 것을
긴 세월을 외로이 건너왔지만
늘 밝은 모습, 아버지처럼

안개, 다녀오던 날 1

　어느 흐린 날에 흐린 눈동자로 길을 나선다
　모든 건 흐릿함으로 보이고 선명한 건 없다
　혹여 무언가 선명히 보이더라도 이내 흐릿해진다
　선명함을 쫓았지만 세상은 안개였다. 걷히지 않는

안개, 다녀오던 날 2

안개가 낀다. 우리의 거리는 그대로인데 우리 사이에 안개가 짙어 간다. 사라진 후의 잊혀짐은 잊혀진 후의 사라짐보다는 축복이겠지. 얼굴이 흐릿해지고 윤곽만 남고 언젠가는 투명해지겠지. 눈이 가득한 겨울의 컬러는 흰색이고 커피 빛깔은 검다. 무채색의 풍경은 겨울이기에 가능하다. 시리도록 푸른 차창 빛깔이 더해진다. 기차는 또 습관처럼 청량리행이다. 찾아가고 만나고 돌아오는 과정이 또 투명하게 사라져 간다.

어스름은 안개처럼 내려앉는다. 안개는 걷혀 가지만 어스름은 암흑으로 짙어 가기에 눈을 더 크게 뜨고 한 점 불빛이라도 찾으려 두리번거렸다. 애써 찾은 불빛에 '희망'이라는 이름을 붙였기에 밤이 오고 별무리들이 어둠을 헤치며 그득해도 어스름 아래 마주친 그 작은 불빛에 평생을 연연해하고 있는 것이다.

어느 도시에서, 이스탄불

먼 길을 떠났습니다
멀어지도록
낯선 도시를 오래도록 걸었습니다
새로움에 익숙해지도록

걷다가 걷다가 바다에 이르렀습니다
해변을 끝도 없이 걸었습니다
바닷바람에 물들도록

거리를 둘러둘러 돌아왔습니다
어스름이 다 덮어버리도록
늦은 저녁을 두 배로 먹었습니다
포만감만으로만 채워지도록

어느 먼 도시에서 어떻게 하여도
조금도 잊혀지지 않았습니다

어울림

햇살은 눈물마저도 빛나게 하고
빗물은 웃음마저도 젖게 하지
바람은 망각마저도 흔들어 대고
흰 눈은 상처마저도 감싸지

엄마 나 왔어 1

요즘 엄마는 나 어릴 적 예전 엄마가 아니다. 예전 엄마는 서너 아그들, 혹은 그 이상을 키웠지만 요즘은 하나 아니면 둘이다. 예전 엄마는 얘가 학교 들어갈 때까지 얘랑 지지고 볶고 했지만 멕이고 입히는 거 위주였고 요즘 엄마는 어린이집, 유치원에 맡기지만 의식주가 아닌 멘탈과 교육에 신경을 곤두세운다. 학교 가기 전부터. 학교나 군대에 얘를 보내고 나면 예전에는 마음만 졸이고 대충 잊었지만 요즘 엄마들은 학교는 물론 군대까지 파악을 하고 종종 관여를 한다. 등등~ 힘들고 바쁘기는 요즘 엄마가 곱절은 더한 것 같지만 나를 키울 때 엄마는 놀거나 쉬었던 기억이 없다. 늘 마음 졸이며 늘 일을 하셨던 기억만 난다.

나는 글을 쓸 때 요즘 엄마는 엄마, 나 어릴 적 엄마는 어머니라고 표현한다. 엄마가 기댈 수 있고 안길 수 있는 느낌이라면 어머니는 공경하고 보살펴야 하는 느낌이다. 엄마는 엄마 품이 따뜻하고 어머니는 내 가슴이 시리다. 지금 나와 통화를 하는 여인은 엄마라고 부르지만 어머니이다. 전화를 걸면 귀가 어두워 잘 알아듣지 못하는 아버지, 노환이 깊어 가시는 아버지를 챙기며, 걱정이 있어도 몸이 아파도 늘 잘있다고 응답하시는, 허리가 굽은 내 어머니이다.

엄마 나 왔어 2

엄마가 말했다. 떠나고 있는 이를 곁에서 보내고 있는 중이라고. 잘 보내려 할 수 있는 한 다하고 있다고. 겪어 보지 않아서 알 수야 없지만 내 부모님은 요즘 의식을 치르고 있다. 60여 년 전 혼인식에서 만남의 맞절을 하고 덕담을 나누고 언약을 하듯 이젠 잘 헤어지기 위하여 매일 둘만의 의식을 치르는 중이다. 나는 조금은 떨어진 거리에서 멀지도 가깝지도 않은 위로를 드리며 그저 바라볼 수밖에.

다시 오겠다는 말이 얼마나 위안이 될 수 있을까. 다시 돌아온다고 해도 모든 건 같아질까. 저 노란 수선화 꽃대가 언 땅을 뚫고 올라온다 해도 꽃 한 송이로 봄이 돌아온다 해도 다가올 봄과 지나간 봄은 다를 수밖에 없기에 떠나면서 뒤를 돌아보고 멈추기도 하는 것이다.

엄청 슬플 땐 어쩔 거냐고

엄청 슬플 땐 어쩔 거냐고, 이 정도에 울면
잠시 떠나던 날 그가 말했다

여태껏 참고 있는데 언제 울어야 하냐고
영영 돌아오지 않는 그에게 묻는다

예순셋에서

낙엽은 떨어질 때를
철새는 떠날 때를 알고 있습니다
꽃잎은 열려질 때를
안개마저도 피어오를 때를 알고 있습니다

나도 알고 있습니다
지금 이 순간이 마무리할 때
새로이 시작할 때라는 것을

인생은 가고 옵니다. 흐르는 강물처럼
멀리서부터 내려앉는 산그림자처럼

오래된 기억

해 저무는 오후 낡은 회벽
천천히 움직이는 태엽 시계
오래된 액자 안의 지나간 얼굴들
멀어진 시간 속에서
그리운 기억으로 남아 있다

시간이 흘러내리는 벽
우리의 서글픈 웃음이
갈색 인화지 위에 남아 있을 때
해 저무는 들창 아래
누군가의 그리운 기억이 될까

짙은 커피 향의 오후
힘겹게 돌아가는 음반에서는
기억만큼 오래된 음악이 흐른다

오월이 오는 풍경, 사월은 가고 1

사람들이 떠난 집

세월의 무게로 내려앉은 지붕
아카시아 꽃들이 덮고

앞산에서 오는 바람
옛 노래를 풀어놓은 채
꽃향기 가득 담아서 뒷산으로 가네

길손이 멈추는 집

잊혀진 이름들을 불러보는데
옛 노래만 들리네
꽃향기만 흐르네

오월이 오는 풍경, 사월은 가고 2

시험이 끝나고 데모가 끝나고
잔치가 끝나고 연극이 끝나고 행사가 끝나고
끝나지 않는 것은 없다
끝이 있어야 시작도 있다

끝에서 시작을 본다
지는 라일락에서 4월의 끝을 보고
피는 장미에서 5월의 시작을 본다

맞물린다
기쁨과 슬픔처럼 이별과 재회처럼
희망과 회한처럼

어제는 끝이었다 오늘은 시작이다
나는 또 일어선다. 시작을 위해

운이 좋게도, 그날

정말 운이 좋게도 하루가 비워진다
청량리발 제천행 10시 33분
노부모와 점심을 같이하기에 적당한 일정
표를 끊고 전화를 드린다
늘 거기에 계시지만 그래도 약속을 한다
메뉴는 부친이 정하셔야 한다
조금씩 회복 중이시지만 늘 조심스럽다

하루 한번쯤 생각 일주일에 한번쯤 통화
한달에 한번쯤 마주하는 것도
이리 노력을 하고 운이 좋아야만 할까
내 삶도 무난하다 부모가 살아계시니
남들만큼만 겪고 살아왔으니
노력은 누구나 한다 운이었다.
오늘은 뵐 수 있을 듯하다 운이 좋게도

이별 연습 1

이별은 슬픈 일이지만
언젠가는 이별을 생각하여야 합니다
마주보며 웃는 얼굴
아침이면 함께 커피를 마시는 즐거움
늦은 밤 기다리는 마음
언젠가는 이별하여야 할 모습입니다
멀리 떠나는 공간의 이별이든
영영 떠나는 시간의 이별이든
이별을 생각하면
지금의 모습들이 더욱 소중해집니다
다가올 이별의 날에
조금은 덜 슬프게
조금이라도 웃으며
떠나고 보낼 수 있도록
더 배려를 하며
더 따스한 마음과 말을 전합니다
살아가는 것은 어쩌면
행복한 이별을 준비하는 과정입니다

이별 연습 2

광야의 돌풍처럼
마른 하늘의 소나기처럼
이별은 예고도 없이
마음을 덮쳐
웃음도 의미도
모든 것들을 쓸어 간다네

큰 이별도
작은 이별도
숙명으로 받아들이며
눈물조차 마르고
술잔조차 깨어지는 날
그날까지

이별 연습을 하며 사세
이별 연습을 하며 사세

이스탄불의 거리에서 1

하루 다섯 번 무아진의 아잔을 들었습니다
새벽 4시 반, 창을 열고 들었고
한낮에 거리를 걷다가도 아잔이 울릴 즈음이면
발걸음을 멈추고
모스크 쪽을 향하였습니다
늦은 밤, 잠들기 전에도
창가에서 오는 소리에 귀를 기울였습니다.

내가 모르는 곳으로 떠나셨기에
낯선 도시, 낯선 이들, 낯선 일상이
외려 더 가까울 듯도 하였습니다
더 지척일 듯도 하였습니다

그렇게 거리로 나섰습니다

이스탄불의 거리에서 2

바다로 갔습니다. 마르마라의 해변으로
유럽과 아시아의 경계, 어디쯤에 서 있었습니다

젊은 날에는 삶을 향하여 살아오다가
이제는 죽음을 더 생각합니다
삶과 죽음의 경계
아픔과 슬픔의 경계
존경과 사랑의 경계

어찌 보면 살아 있음은
부단히도 경계를 지나는 일이었습니다
땅과 바다의 경계를 따라
많은 것들이 다른 대륙의 경계를 걷습니다
오늘과 내일의 경계 즈음에

이스탄불의 거리에서 3

걷다가 걷다가
터키시 커피와 맥주를 마시고 케밥을 먹고 물담배를 피우고
새로운 면면에 길들여집니다
여러 번의 여행길이었지만, 이번에는
새로운 것들에만 빠져듭니다

지금까지는 부친이 있었던 세상
돌아가면 부친이 없는 세상입니다
어머니는 혼자이시며
크든 작든 나는
집안의 진정한 맏이가 되어야 합니다

슬픔은 새로운 것들로 잊고
희망은 새로운 것들로 다가오리라 생각합니다
금새 채워지겠지만
비우고 또 비우고 돌아갑니다

잊혀지지 않을 줄을 몰랐다

잊혀지지 않을 줄을 몰랐다
기억은 희미해져 갈 줄 알았다
아픔도 줄어들 줄 알았다
아픔이 점점 더 커져 갈 줄 몰랐다
기억이 더 생생해질 줄 몰랐다
여전히 모를 것이다

눈앞에 보이는 풍경
가까이 있는 이들
조금이라도 하고픈 일들에 매달리면
아픔이 기억이 어떻게 될지
여전히 모를 것이다

작별

당신이 떠난다고 하였을 때
다시 돌아올 줄로 알았습니다

당신이 올 수 없다고 하였을 때
내가 갈 수 있을 줄로 알았습니다

당신을 보내고 가슴이 무너질 때
내가 할 수 있는 일은 없었습니다

작별 채비

병이 다가오면 미리 몸을 추스르듯이
작별이 다가오면 마음을 추슬러야 한다
덜 사랑하는 연습을 하며
덜 그리워할 마음의 채비도 하여야 한다

만남은 예기치 않게 다가와
꿈결 같은 황홀함을 한껏 주지만
작별은 숙명처럼 미리 느낄 수 있어
그 고통은 크고 길기만 하다

만일 작별을 겪을 채비를 할 수 있다면
다소 무관심하게 멀어지며, 아니
멀어지는 척 잊혀지는 척이라도 하며
위로를 얻을 수 있으련만. 작별이 오기 전에

나 이번 작별에는 그렇게 할 수 있을까
덜 아픈 척 덜 아프게 작별할 수 있을까
나는 다가오는 계절에 작별을 한다
나는 다가오는 작별을 맞을 채비를 한다

잔영

이별은 노을로 남았습니다
이별 후에 세상은 검은 밤이 된다지만
내게는 노을입니다

상처로 물들어 가는 검붉은 잔영
차라리 밤이 오면 잠이라도 들겠습니다
맘속 노을은 떠날 줄을 모릅니다

절대 고독

꽃들이 화려하고 잎들이 푸르러도
인생은 홀로 선 겨울나무라는 것을
죽도록 많이 슬퍼 본 이는 안다
죽도록 많이 아파 본 이는 안다

봄 여름 가을이 저마다 그득하여도
인생은 결국 휑한 겨울이라는 것을
슬픔으로 떠나는 날에는 안다
아픔으로 떠나는 날에는 안다

제천, 골목길

뒤안길에 웅크린 세월이 손목을 끌면
못 이기는 척 순순히 동행을 하는데
비린 내음 축축한 모습 마주치는 길
어디쯤일까 어디까지 왔을까

시간은 물길인 듯 유유히 흘러서 가고
희미하게 아득하게 오가는 모습들
도란거리는 옛 생각에 뒤를 돌아보면
꽃잎 아래에 쪼그린 나와 눈길이 닿네

제천역

　　40년 서울살이
　　힘들 때나 즐거울 때나 기다리던 역

　　옛 친구들 사랑하는 노부모
　　그리웠던 사람도 맞이하고 보내던 역

　　슬픈 이별 행복한 재회가
　　철길로 평행으로 이어지던 역

　　떠날 줄 알면서 돌아오고
　　돌아올 줄 알면서 떠나는 역

제천행 기차

기차가 흔들리네

마음이 흔들려서 몸이 흔들리고
그래서 기차가 흔들리네

조우

알 듯 모를 듯
흐릿한 무언가 다가올 때
그리 반갑지도
그렇다고 밀어낼 수도 없는
형체가 보일 때
마주 앉아 혹은
더 가까이 들어와
그래도 잡아야만 하는
흰 손을 내밀 때

나는 너를
슬픔이라 부른다

지하철 첫차

미련 몇 개쯤이야 품고 살아가자
내일은 더 나아지리라는 미련
언젠가 또 만나리라는 미련
추운 날 겉주머니에 맨손을 넣고
30분 일찍 첫 지하철을 기다리며
오늘도 어제보다는 따뜻하리라는
미련을 만지작거리며 살아가자

병상의 부친을 뵈러 가는 길
어제보다는 좋아지셨겠지
어머니의 슬픈 눈동자
오늘은 조금 더 웃으시겠지
꽃으로 늘 웃지는 못하더라도
미련 몇 개쯤이야 품고 살아가자

처음 만난 순간

가장 아름다운 풍경은 촬영하지 않는다
가장 듣기 좋은 음악은 녹음하지 않고
가장 감동적인 싯귀는 외우지 않는다

내가 진정 간직하고픈 건
그때 그 순간의 울림, 그것뿐이다

가장 아름다운 풍경을 보았을 때
가장 듣기 좋은 음악을 들었을 때
가장 감동적인 싯귀를 읽었을 때

한 번으로 족하기 때문에
아니 일생 단 한 번뿐이어야 하기 때문에

처음 헤어진 순간

그냥 그 자리에서 피어난 줄로만 알았습니다
아득히 먼 곳에서 예까지 온 줄 몰랐습니다

그냥 그 자리에 늘 있는 줄 알았습니다
혼연을 다해 서 있는 줄 몰랐습니다

그저 그렇게 피고 시드는 줄 알았습니다
꽃잎이 시들기까지 수고와 감내를 몰랐습니다

꽃잎이 지면 으레 겨울이 오는 줄 알았습니다
내 맘 속에 먼저 혹독한 겨울이 올 줄 몰랐습니다

필요하다

울려면 슬픔이 필요하고
웃으려면 기쁨이 필요하다

이별하려면 만남이 필요하고
그리워하려면 이별이 필요하고
잊으려면 기억이 필요하다

한줌 바람이 커튼을 흔들면

한줌 바람이 커튼을 흔들면
창가에 머물러 봐
그 바람 어디에서 와서
무얼 전해 주는지
기억하여야 할 이야기들을
잊고 있는 건 아닌지
귀를 기울여 봐
누군가 부르는 소리인지

내리는 비가 빗소리를 전하듯
한줌 바람에도 이유가 있어
커튼이 흔들리면
창밖을 내어다 봐
잊혀진 누군가가
먼 길을 돌아오고 있는지
눈을 감아 봐
어디쯤 오고 있는지

항금리 밤은 검어서 좋다

항금리 밤은 검어서 좋다
한줌 빛도 없는 어둠
언젠가 유자와의 기차에서
긴 터널이 끝나지 않기를 바랐던 마음이
여기에 있다

어둠이 걷히지 않으면
아쉬웠던 망각은 떠났던 길을 찾아서 돌아오고
불필요한 그리움, 기다림은 사라져 간다
그리고 날이 밝으면 새날이다
다시 시작하는

향수 1

볕이 잘 드는 마당
마루에 앉아도 좋고
멍석을 깔아도 좋고
어릴 적 동무들과
막걸리 한 주전자에
부침개를 안주 삼아
옛이야기를 나누며
초가을 부는 바람에
실려 오는 국화 내음
서산에 지는 해를
바라보는 붉은 얼굴들
그런 날이 그립다
그런 날이 오려나

향수 2

모두가 지난 꿈이라고
거친 손을 잡고 울던 날
낡은 지붕 위로
떠가는 구름을 바라보았네

한 시절은 멀어지고
새로운 날들이 다가오면
차마 사라지지 못하고
여전히 남은 옛날이여

그림자를 밟고 돌아와
인적 없는 처마 아래에 서면
그날 그 바람이런가
옷깃을 스쳐 지나네

홍수

강이 물을 무서워합니다

하늘이 구름을
숲이 나무를
무서워하기도 합니다

사랑이 너무 커도 무섭습니다
살다 보니

해질녘에

해가 질 때 계절이 떠날 때
소중한 이들이 멀어져 갈 때
지나온 날을 생각한다
돌이킬 수 없을 때가 되어야
뒤를 돌아보는 우둔함은 무엇인지

밤이 오면 낮을 겨울이 오면 봄을
이별을 맞으면 재회를 기다린다
닿을 수 없는 곳에 있어야
그리워하는 우둔함은 또 무엇인지

허무, 아버지를 불꽃으로 보내며

차라리 목석이 될 것을 그랬습니다
그림자가 될 것을 그랬습니다
정직도 정직 나름 진실도 진실 나름
그대 가슴에 닿지 못한 표현들은
한껏 타고난 뒤 하늘로 오르는 재가 되어
속절없이 흔적 없이 멀어져만 갑니다
몸이 타들어 가는 고통으로
태워진 것은 나의 마음입니다
남겨진 것은 영혼이 빠져나간 미라인 듯
스스로 지탱할 수 없는 지친 육체입니다
시들은 들꽃입니다
겨우 돌이키는 기억, 한 줄 흐르는 눈물은
다시 꽃을 피우고자 함이지만
낡은 폐허가 되어 마른 먼지로 푹석
나는 무너져 내립니다
나는 사라져 버립니다

회상

먼 그대여
오늘 하루도 무난하신지요
스친 인연은 짧았지만
상념과 추억은
길게 천천히 다가옵니다

그날 그 모습으로 기억하기에
세월이 흘렀습니다
혹여 재회의 날이 있거든
어색하지 않으려
그날까지 그리워하려
우리 지난 날의 장식, 흔적에
눈길을 마음을 전합니다

화가처럼 시인처럼
덧칠을 하고
한 글자 두 글자, 적습니다
우리 빈 공간 속에
잊혀져 가는 기억 위에

흔적에서

시간은 그대를 데려갔지만
공간은 여전히 남겨 두었네
이 노을 이 바람 아래에
그대는 어떤 이야기들을 풀어놓았나

그대 이야기, 노을에 짙은 덧칠을 하고
바람을 잠시 멈추는데
한점 바람이라도 담으려 눈을 감으면
그대 이야기, 가슴에 번져 가네